Der Schatten des Erfolges

Der mutige Weg einer Künstlerin

LucieArt

Inhaltsverzeichnis

Kapitel 1: Das Erwachen

Kapitel 2: Der Vertrag

Kapitel 3: Der Aufstieg

**Kapitel 4: Das Geheimnis **

Kapitel 5: Der Widerstand

Kapitel 6: Der Neuanfang

Kapitel 7: Die Rückkehr nach Berlin

Kapitel 1: Das Erwachen

Lena saß in ihrem kleinen Studio-Apartment in Berlin und starrte auf die leere Leinwand vor sich. Die Morgensonne brach durch die Vorhänge und tauchte den Raum in ein warmes, goldenes Licht. Trotz der Schönheit des Augenblicks fühlte sie sich leer. Ihr Traum, eine erfolgreiche Künstlerin zu werden, schien mit jedem Tag weiter in die Ferne zu rücken. Ihre letzten Ausstellungen waren nur mäßig besucht, und die Kritiken hatten sie nicht gerade ermutigt. „Talentiert, aber unspektakulär", hatte ein Kritiker geschrieben. Diese Worte hatten sich in ihr Gedächtnis eingebrannt.

Der Raum um sie herum war chaotisch, vollgestopft mit unfertigen Leinwänden, Farbpaletten und Skizzen. Es war ein Spiegelbild ihres Geisteszustands. Sie hatte das Gefühl, dass ihr die Ideen ausgingen und sie in einer kreativen Sackgasse steckte.

Gerade als sie aufgeben wollte, klingelte ihr Telefon. Es war eine Nummer, die sie nicht kannte. Widerwillig nahm sie ab. "Hallo?"

"Hallo, ist da Lena Müller?" Die Stimme am anderen Ende klang förmlich und geschäftlich.

"Ja, wer ist da?"

"Mein Name ist Alexander Braun. Ich bin Kunstkurator und habe einige Ihrer Werke gesehen. Ich denke, sie könnten das nächste große Ding in der Kunstwelt sein."

Lena hielt den Atem an. Konnte das der Anruf sein, auf den sie ihr ganzes Leben gewartet hatte? „Wirklich?", fragte sie, ihre Stimme zitterte leicht vor Aufregung und Unglauben.

"Ja, ich bin sehr beeindruckt von Ihrer Arbeit. Ich würde Sie gerne treffen und über eine mögliche Ausstellung in meiner Galerie sprechen. Haben Sie Zeit, sich nächste Woche mit mir zu treffen?"

Lena fühlte, wie ihr Herz schneller schlug. "Ja, natürlich. Das wäre großartig. Wann und wo?"

Alexander nannte ihr eine exklusive Galerie im Herzen Berlins und vereinbarte einen Termin für den kommenden Mittwoch. Nachdem sie aufgelegt hatte, konnte Lena es kaum glauben. Sie spürte eine Welle von Hoffnung und Aufregung durch ihren Körper strömen. Vielleicht, nur vielleicht, war dies die Chance, auf die sie gewartet hatte.

Die Tage bis zum Treffen vergingen wie im Flug, und Lena fand sich immer wieder dabei, vor Aufregung kaum stillsitzen zu können. Sie verbrachte Stunden damit, sich auf das Gespräch vorzubereiten, ihre besten Werke auszuwählen und ihre Geschichte zu überdenken. Dies war ihre Chance, und sie wollte keinen Fehler machen.

Am Tag des Treffens zog sie ihr bestes Outfit an – ein schlichtes, aber elegantes schwarzes Kleid, das ihr eine Freundin geschenkt hatte. Sie nahm eine Mappe mit Fotos ihrer besten Werke und machte sich auf den Weg zur Galerie.

Als sie ankam, wurde sie von einer freundlichen Assistentin empfangen, die sie in ein stilvolles Büro führte. An den Wänden hingen Gemälde, die sie ehrfürchtig betrachtete. Alexander Braun, ein Mann in seinen späten Dreißigern mit gepflegtem Auftreten und einer Aura von Autorität, begrüßte sie herzlich.

"Frau Müller, es ist mir eine Freude, Sie kennenzulernen", sagte er und deutete auf einen Stuhl. "Setzen Sie sich doch. Möchten Sie etwas trinken?"

Lena lehnte höflich ab und setzte sich. Ihr Herz klopfte heftig, als Alexander sich ihr gegenüber setzte und durch ihre Mappe blätterte. Er musterte die Fotos eingehend und nickte zustimmend.

"Ich bin beeindruckt", sagte er schließlich. "Ihre Arbeiten haben eine einzigartige Tiefe und Emotion. Genau das, was wir suchen. Ich möchte Ihnen ein Angebot machen: eine Einzelausstellung in meiner Galerie."

Lena konnte es kaum fassen. "Das wäre fantastisch. Vielen Dank."

Alexander lächelte. "Es wird einige Vorbereitung erfordern, aber ich bin sicher, dass es ein großer Erfolg wird. Wir müssen noch einige Formalitäten klären, aber ich bin zuversichtlich, dass dies der Beginn einer sehr erfolgreichen Zusammenarbeit sein wird."

Als Lena das Büro verließ, fühlte sie sich, als würde sie auf Wolken gehen. Sie konnte es kaum erwarten, ihre Freunde anzurufen und ihnen die Neuigkeiten zu erzählen. Dies war der Beginn eines neuen Kapitels in ihrem Leben, und sie war entschlossen, das Beste daraus zu machen.

Kapitel 2: Der Vertrag

Die Woche verging in einem wirbelnden Strudel aus Aufregung und Vorbereitungen. Lena verbrachte die Tage damit, ihre besten Werke zu finalisieren, Rahmen zu besorgen und die Logistik für den Transport zur Galerie zu organisieren. Es war eine anstrengende, aber auch unglaublich aufregende Zeit. Ihre Freunde und Familie unterstützten sie tatkräftig, und jeder spürte die Bedeutung dieses Moments für Lena.

Am Tag der Vertragsunterzeichnung war Lena nervös. Sie hatte kaum geschlafen, weil sie ständig darüber nachdachte, wie dieser Vertrag ihr Leben verändern könnte. Die Galerie war ein elegantes Gebäude im Herzen Berlins, umgeben von exklusiven Boutiquen und Cafés. Als sie eintrat, wurde sie erneut von Alexanders Assistentin begrüßt und in das gleiche stilvolle Büro wie zuvor geführt.

Alexander stand auf, als sie eintrat, und begrüßte sie mit einem warmen Lächeln. „Lena, es ist schön, Sie wiederzusehen. Bitte, setzen Sie sich."

Lena nahm Platz und Alexander setzte sich ihr gegenüber. Auf dem Tisch lag ein Stapel Papiere, der offensichtlich der Vertrag war. Alexander begann, ihr die Details zu erklären. „Dieser Vertrag wird Ihr Leben verändern, Lena. Er sichert Ihnen eine Ausstellung in unserer Galerie und beinhaltet auch eine Option für zukünftige Ausstellungen. Wir kümmern uns um die Promotion und die Logistik, und Sie erhalten eine großzügige Beteiligung an den Verkaufserlösen."

Lena hörte aufmerksam zu, nickte und stellte einige Fragen. Der Vertrag schien fair zu sein, und Alexander nahm sich die Zeit, ihr alles genau zu erklären. Dennoch konnte sie nicht umhin, ein leichtes Unbehagen zu verspüren. Es war alles so schnell gegangen, und der Gedanke, dass ihr Erfolg von einem einzigen Dokument abhängen würde, war beängstigend.

„Ich verstehe, dass dies eine große Entscheidung ist", sagte Alexander sanft. „Nehmen Sie sich die Zeit, die Sie brauchen, um alles zu überprüfen. Wenn Sie möchten, können wir den Vertrag auch mit Ihrem Anwalt besprechen."

Lena dachte einen Moment nach. Sie hatte keinen Anwalt, den sie um Rat fragen konnte, aber Alexanders Angebot beruhigte sie. „Ich denke, alles sieht gut aus", sagte sie schließlich. „Ich vertraue Ihnen."

Alexander lächelte. „Das freut mich zu hören. Wenn Sie bereit sind, können wir den Vertrag jetzt unterschreiben."

Mit einem tiefen Atemzug nahm Lena den Stift in die Hand und setzte ihre Unterschrift unter das Dokument. In diesem Moment fühlte sie sich, als würde sie einen Pakt mit dem Schicksal schließen. Sie wusste, dass dies der Anfang von etwas Großem war.

„Willkommen bei unserer Galerie, Lena", sagte Alexander und reichte ihr die Hand. „Ich freue mich auf eine erfolgreiche Zusammenarbeit."

Die nächsten Wochen waren eine rasende Folge von
Ereignissen. Die Galerie begann mit der Promotion ihrer
Ausstellung, und Lena wurde zu Interviews und
Fotoshootings eingeladen. Ihr Gesicht erschien in
Kunstmagazinen und auf Plakaten in der Stadt. Die
Eröffnungsnacht rückte näher, und die Aufregung war
greifbar.

Am Abend der Ausstellungseröffnung war die Galerie bis
auf den letzten Platz gefüllt. Kunstliebhaber, Kritiker und
Prominente drängten sich um Lenas Werke,
bewunderten die Tiefe und Emotionen, die sie
eingefangen hatte. Lena selbst fühlte sich wie in einem
Traum. Alexander hatte nicht übertrieben – die
Ausstellung war ein voller Erfolg.

„Herzlichen Glückwunsch, Lena", sagte Alexander, als er
sie zur Seite nahm. „Das ist nur der Anfang. Mit diesem
Erfolg wird Ihre Karriere durch die Decke gehen."

Lena strahlte. „Vielen Dank, Alexander. Ohne Sie wäre
das alles nicht möglich gewesen."

„Sie haben das Talent, Lena. Ich habe nur das Potenzial
gesehen", erwiderte er mit einem selbstzufriedenen
Lächeln. „Genießen Sie den Abend, Sie haben es sich
verdient."

Lena genoss den Abend in vollen Zügen. Die
Anerkennung, die sie erhielt, war überwältigend, und
sie konnte kaum glauben, dass sie jetzt eine gefeierte
Künstlerin war. Doch tief in ihrem Inneren nagte noch
immer ein leises Unbehagen. Sie fragte sich, welchen
Preis sie für diesen Erfolg zahlen würde.

Die Nacht verging wie im Flug, und als Lena schließlich nach Hause kam, fiel sie erschöpft, aber glücklich ins Bett. Ihre Gedanken rasten, und es dauerte eine Weile, bis sie einschlafen konnte. Doch als sie endlich die Augen schloss, träumte sie von einer glorreichen Zukunft.

Kapitel 3: Der Aufstieg

Die Wochen nach der Ausstellungseröffnung waren wie ein Rausch. Lenas Tage waren gefüllt mit Interviews, Meetings und weiteren Kunstprojekten. Jede Galerie wollte ihre Werke ausstellen, und Kunstkritiker lobten sie in den höchsten Tönen. Es war der Erfolg, von dem sie immer geträumt hatte, und doch fühlte sie sich zunehmend wie eine Marionette, die von Alexander und den Erwartungen der Kunstwelt gelenkt wurde.

Eines Nachmittags saß Lena in ihrem Atelier, umgeben von neuen Leinwänden und Skizzen. Ihr Telefon klingelte, und sie sah, dass es ihre beste Freundin Marie war. „Hey, Marie", sagte Lena, als sie abhob.

„Lena, du wirst nicht glauben, was ich gerade gesehen habe! Dein Gesicht ist auf dem Cover der neuen 'Art Today'-Ausgabe!", rief Marie begeistert. „Ich bin so stolz auf dich!"

Lena lächelte. „Danke, Marie. Es ist alles so schnell gegangen. Manchmal fühlt es sich an, als wäre ich in einem Traum."

„Du hast es dir verdient. Aber vergiss nicht, dir auch mal eine Auszeit zu gönnen. Wir haben dich seit Wochen nicht mehr gesehen."

Lena versprach, bald Zeit für ihre Freunde zu finden, und legte auf. Sie wusste, dass Marie recht hatte. Sie war so in ihre Arbeit vertieft, dass sie kaum noch Zeit für sich selbst oder ihre Liebsten hatte. Aber der Druck, ständig neue Werke zu schaffen und die hohen Erwartungen zu erfüllen, ließ ihr keine andere Wahl.

Am nächsten Morgen hatte Lena ein weiteres Treffen mit Alexander. Sie trafen sich in einem schicken Café, und Alexander begrüßte sie wie immer mit einem Lächeln. „Guten Morgen, Lena. Ich habe großartige Neuigkeiten. Wir haben eine Anfrage von einer Galerie in New York. Sie wollen eine Einzelausstellung nur mit deinen Werken."

Lena war überwältigt. „New York? Das ist unglaublich!"

„Ja, das ist eine große Chance. Aber es bedeutet auch viel Arbeit. Wir müssen neue Werke schaffen und alles für den Transport und die Ausstellung organisieren. Bist du bereit dafür?"

Lena zögerte einen Moment. Der Gedanke, nach New York zu gehen und dort auszustellen, war überwältigend. Aber sie wusste, dass sie diese Gelegenheit nicht verpassen durfte. „Ja, ich bin bereit. Lass es uns tun."

Die folgenden Wochen waren noch hektischer als zuvor. Lena arbeitete unermüdlich, oft bis spät in die Nacht, um neue Werke zu schaffen. Alexander kümmerte sich um die Logistik und die Promotion, und die Vorbereitungen für die Ausstellung in New York liefen auf Hochtouren.

Trotz des Stresses und der langen Arbeitsstunden fühlte sich Lena lebendiger denn je. Sie war auf dem Höhepunkt ihrer Karriere und genoss die Aufmerksamkeit und das Lob, das ihr zuteil wurde. Doch tief in ihrem Inneren nagte noch immer das Gefühl, dass etwas nicht stimmte. Die Zweifel und Ängste, die sie seit dem Beginn ihres Aufstiegs begleiteten, ließen sie nicht los.

Eines Abends, als Lena wieder einmal spät in ihrem Atelier arbeitete, klopfte es an der Tür. Überrascht öffnete sie und sah Marie vor sich stehen. „Marie! Was machst du hier?"

„Ich musste dich sehen", sagte Marie und trat ein. „Wir machen uns Sorgen um dich. Du arbeitest nonstop und siehst völlig erschöpft aus."

Lena seufzte. „Ich weiß, es ist viel, aber ich kann mir diese Chancen nicht entgehen lassen."

Marie setzte sich und sah Lena ernst an. „Lena, du bist großartig. Aber du musst auch auf dich selbst achten. Erfolg ist wichtig, aber nicht auf Kosten deiner Gesundheit und deines Glücks."

Lena nickte langsam. „Du hast recht, Marie. Ich werde versuchen, mir mehr Zeit für mich selbst zu nehmen."

Marie lächelte. „Das freut mich zu hören. Und vergiss nicht, wir sind immer für dich da."

Eines Nachmittags, als sie in ihrem Atelier war, entdeckte sie hinter einem alten Gemälde ein verstaubtes Tagebuch. Es sah aus, als hätte es dort jahrelang gelegen. Neugierig öffnete sie es und begann zu lesen. Es gehörte einer früheren Künstlerin, die ebenfalls von Alexander Braun entdeckt worden war. Die ersten Einträge waren voller Hoffnung und Begeisterung, ähnlich wie Lenas eigene Erlebnisse. Doch bald wurde der Ton düsterer.

Der erste Eintrag war von Mai 2010, und Lena konnte sich die Aufregung der jungen Künstlerin vorstellen, als sie von Alexander entdeckt wurde.

**Kapitel 4: Das Geheimnis **

Tagebucheintrag, 15. Mai 2010:

„Alexander hat mich heute kontaktiert. Er sagte, ich hätte das Potenzial, groß herauszukommen. Ich kann es kaum glauben. Endlich jemand, der mein Talent erkennt! Ich werde alles tun, um diese Chance nicht zu verpassen."

Lena dachte an die anfänglichen Versprechungen von Alexander. Ihre eigene Erfahrung schien sie direkt in die Worte dieser Künstlerin hineinzuversetzen. Sie erinnerte sich an die Euphorie, die sie selbst empfunden hatte, als sie Alexander getroffen hatte.

Der nächste Eintrag war vom Juni 2010 und ließ Lenas Herz schneller schlagen. Sie erkannte die Parallelen zwischen den Ängsten der jungen Künstlerin und ihren eigenen Zweifeln.

Tagebucheintrag, 2. Juni 2010:

„Die Ausstellung war ein voller Erfolg. Ich bin so glücklich. Aber etwas an Alexander macht mir Angst. Er scheint so viel Macht über mich zu haben. Er sagt, dass ich nur erfolgreich sein kann, wenn ich ihm vollständig vertraue. Es fühlt sich an, als ob ich mich ihm komplett unterordnen muss."

Lena schauderte, als sie weiterlas. Die Kontrolle und Manipulation, die in diesen Worten mitschwangen, waren eine Warnung vor dem, was auf sie zukommen könnte. Sie wusste, dass Alexander sie beeinflussen wollte, doch diese Erkenntnis verstärkte ihre Entschlossenheit, ihm nicht zu verfallen.

Der Eintrag vom September 2010 war von wachsender Verzweiflung geprägt.

Tagebucheintrag, 28. September 2010:

„Die Dinge laufen aus dem Ruder. Alexander kontrolliert alles. Ich habe das Gefühl, dass ich meine Freiheit verliere. Ich muss herausfinden, was hier wirklich vor sich geht. Er hat mir gesagt, dass ich meine Seele für den Erfolg verkaufen muss. Was meint er damit?"

Lena wusste, dass sie jetzt handeln musste. Die Entschlossenheit, Alexander zu konfrontieren, war eine Sache, doch die Strategie war eine andere. Sie musste herausfinden, welche Schritte notwendig waren, um Beweise für seine Machenschaften zu sammeln.

Der Eintrag vom November 2010 zeigte eine beunruhigende Wendung.

Tagebucheintrag, 5. November 2010:

„Ich habe angefangen, Alexanders Büro heimlich zu durchsuchen. Ich fand Dokumente über andere Künstlerinnen, die vor mir hier waren. Viele von ihnen scheinen verschwunden zu sein oder ihre Karriere wurde ruiniert. Ich fühle mich in Gefahr."

Lena erkannte, dass sie diesen Weg ebenfalls gehen musste, um die Wahrheit zu enthüllen. Der Gedanke, Alexanders Büro zu durchsuchen, ließ ihr Herz schneller schlagen, doch sie wusste, dass es der einzige Weg war, um konkrete Beweise zu finden.

Tagebucheintrag, 22. November 2010:

„Alexander hat mir heute ein seltsames Angebot gemacht. Er will, dass ich ein geheimes Kunstprojekt für ihn mache, ohne Details preiszugeben. Er behauptet, es sei für den letzten Schritt meiner Karriere nötig. Ich habe ein ungutes Gefühl dabei, aber ich weiß nicht, wie ich mich wehren soll."

Lena machte sich Notizen über mögliche Wege, wie sie ein geheimes Projekt erkunden könnte, ohne selbst Gefahr zu laufen. Es war klar, dass Alexander seine Opfer in die Irre führte und versuchte, sie zu manipulieren.

Tagebucheintrag, 1. Dezember 2010:

„Ich habe mich geweigert, das geheime Projekt anzunehmen, und Alexander ist wütend geworden. Er hat mir gedroht und gesagt, dass er mich zerstören kann, wenn ich mich nicht füge. Ich weiß nicht, was ich tun soll. Vielleicht sollte ich alles aufgeben und fliehen."

Lena dachte über die Drohungen nach und erkannte, dass Alexander eine manipulative und bedrohliche Taktik benutzte. Sie entschloss sich, nicht aufzugeben, sondern ihre Ressourcen zu mobilisieren, um sich gegen ihn zu wehren.

Tagebucheintrag, 15. Dezember 2010:

„Ich habe beschlossen, mich von Alexander zu trennen und die Stadt zu verlassen. Aber er hat herausgefunden, was ich vorhabe. Er hat mich erpresst und mir gedroht. Es gibt keinen Ausweg mehr. Ich bin gefangen in seinem Netz aus Lügen und Manipulation."

Lena spürte den Druck, den die Künstlerin erlebte, und wusste, dass sie äußerst vorsichtig sein musste. Sie bereitete sich mental auf das Risiko vor, das ein Versuch, Alexander zu entlarven, mit sich brachte.

Tagebucheintrag, 30. Dezember 2010:

„Ich habe alles versucht, um zu entkommen, aber Alexander hat es geschafft, mich unter Kontrolle zu halten. Er hat mir gesagt, dass er alles über mich weiß und mich ruinieren wird, wenn ich versuche, ihn zu verlassen. Ich habe keine andere Wahl, als mich zu fügen."

Tagebucheintrag, 12. Januar 2011:

„Heute habe ich ein weiteres Gespräch zwischen Alexander und seinen Partnern belauscht. Sie planen, eine neue Künstlerin zu unterwerfen und zu kontrollieren. Sie reden über mich als warnendes Beispiel für alle, die es wagen, sich gegen sie zu stellen."

Die Verzweiflung in diesen Einträgen bestärkte Lena in ihrem Entschluss, Alexanders Machenschaften aufzudecken und andere Künstlerinnen zu warnen.

Tagebucheintrag, 25. Januar 2011:

„Ich habe den Mut gefunden, mit anderen Künstlerinnen zu sprechen, die vorher hier waren. Sie haben mir ihre Geschichten erzählt, und ich habe entdeckt, dass wir alle Opfer derselben Machenschaften sind. Vielleicht gibt es noch Hoffnung, wenn wir uns zusammentun."

Lena schickte Nachrichten an ehemalige Künstlerinnen, die sie aus dem Tagebuch kannte, und bereitete sich darauf vor, ihre Kontakte zu aktivieren.

Tagebucheintrag, 5. Februar 2011:

„Alexander hat mir heute einen letzten Vorschlag gemacht. Er will, dass ich mich öffentlich für ihn ausspreche und mich von ihm als Mentor zeigen lasse. Er droht damit, dass er meine Karriere zerstört, wenn ich das nicht tue. Ich werde mich wehren, auch wenn es gefährlich ist."

Tagebucheintrag, 15. Februar 2011:

„Ich habe beschlossen, alles aufzuschreiben, was ich über Alexander weiß, und die Informationen an die Öffentlichkeit zu bringen. Es ist meine letzte Chance, die Wahrheit ans Licht zu bringen und die anderen Künstlerinnen zu schützen. Vielleicht ist es nicht zu spät, etwas zu ändern."

Lena schloss das Tagebuch und fühlte sich, als hätte sie eine riesige Verantwortung übernommen. Es war klar, dass sie nun einen Plan entwickeln musste, um Alexander zu konfrontieren und seine Verbrechen öffentlich zu machen.

Kapitel 5: Der Widerstand

Nach der Entdeckung des Tagebuchs war Lena entschlossener denn je, Alexander zu stoppen. Die Bedrohungen und die Machenschaften, die sie aus den Tagebucheinträgen erfahren hatte, ließen sie wissen, dass sie jetzt vorsichtig und strategisch vorgehen musste.

Sie begann, systematisch vorzugehen. Ihre erste Aktion war es, eine Liste von Kontakten und möglichen Zeugen zu erstellen, die ihr bei der Aufdeckung von Alexanders Machenschaften helfen könnten. Sie recherchierte Namen und baute Netzwerke auf, um mit ehemaligen Künstlerinnen in Kontakt zu treten, die ähnliche Erfahrungen gemacht hatten.

An einem Montagmorgen setzte sie sich an ihren Schreibtisch und begann, E-Mails zu verfassen und Telefonate zu führen. Sie stellte Fragen zu den Erfahrungen der Künstlerinnen und sammelte Informationen, die sie für ihre Beweisführung nutzen konnte.

„Guten Morgen, ich bin Lena Müller, eine Künstlerin aus Berlin. Ich habe gehört, dass Sie in der Vergangenheit mit Alexander gearbeitet haben. Könnten Sie mir bitte etwas über Ihre Erfahrungen erzählen?"

Die Antworten waren gemischt. Einige ehemalige Künstlerinnen waren bereit, ihre Geschichten zu teilen, während andere sich weigerten, darüber zu sprechen. Doch Lena ließ sich nicht entmutigen. Jede einzelne Antwort war ein Puzzlestück in der großen Geschichte, die sie aufdecken wollte.

Eines Nachmittags besuchte Lena Alexander in seiner Galerie. Sie ging durch die Räume, als wäre sie eine gewöhnliche Besucherin. Doch in Wirklichkeit suchte sie nach Hinweisen, die sie für ihren Fall nutzen konnte. Ihre Augen scannten die Wände und die Schreibtische, und sie machte heimlich Fotos von Dokumenten und Notizen, die sie entdeckte.

Sie beobachtete, wie Alexander hektisch mit seinem Assistenten sprach und Notizen durchblätterte. Diese Beobachtungen halfen ihr, einen besseren Überblick über seine aktuellen Aktivitäten zu bekommen. Lena fühlte sich wie eine Spionin in einem geheimen Auftrag, doch die Gefahr, entdeckt zu werden, machte ihr zunehmend Angst.

Am Abend setzte sie sich mit einem Notizbuch und den gesammelten Informationen an ihren Tisch. Sie dokumentierte jede Entdeckung und überlegte sich, wie sie diese Beweise am besten präsentieren konnte.

In der folgenden Woche nahm sie Kontakt zu Herrn Klein, einem Journalisten, auf, den sie durch ihre Recherchen gefunden hatte. Sie bat um ein Treffen, um die Beweise für Alexanders unethische Praktiken zu präsentieren. Herr Klein war skeptisch, aber auch interessiert an der Geschichte, die Lena ihm präsentierte.

„Das klingt nach einem großen Skandal", sagte Herr Klein, als Lena ihm die Beweise zeigte. „Wir müssen sicherstellen, dass wir alles korrekt und umfassend dokumentieren. Wenn das wirklich stimmt, könnte es große Wellen schlagen."

Gemeinsam arbeiteten sie an einem investigativen Bericht, der die Machenschaften von Alexander enthüllen sollte. Sie stellten die Beweise zusammen, führten Interviews mit Zeugen und bereiteten alles für eine große Veröffentlichung vor.

Die Wochen vergingen in einem rasanten Tempo. Lena und Herr Klein arbeiteten Tag und Nacht, um sicherzustellen, dass der Bericht gründlich und fehlerfrei war. Die Frist rückte näher, und die Nervosität stieg.

Als der Bericht schließlich veröffentlicht wurde, sorgte er für einen großen Skandal. Die Öffentlichkeit war schockiert von den Enthüllungen über Alexander und seine manipulativen Methoden. Die Medien berichteten ausführlich über den Skandal, und es gab viele Diskussionen über die unethischen Praktiken in der Kunstwelt.

Alexander versuchte, sich zu verteidigen, doch die Beweise waren erdrückend. Die Galerie wurde vorübergehend geschlossen, und Alexander verlor seinen Einfluss. Viele der Künstlerinnen, die unter ihm gelitten hatten, fanden nun die Möglichkeit, sich gegen ihn auszusprechen.

Lena fühlte sich erleichtert, als sie sah, dass ihre Bemühungen Früchte trugen. Es war ein harter Kampf gewesen, doch sie hatte ihre Stimme genutzt, um eine Veränderung herbeizuführen. Sie war stolz darauf, dass sie den Mut gefunden hatte, sich gegen Alexander zu stellen und die Wahrheit ans Licht zu bringen.

Kapitel 6: Der Neuanfang

Nach dem Skandal hatte Lena viel über ihre Zukunft nachgedacht. Sie wusste, dass sie nun einen neuen Anfang wagen musste. Der Erfolg ihrer Ausstellung war ein Zeichen für einen Neuanfang, und sie bereitete sich darauf vor, ihren eigenen Weg in der Kunstszene zu finden.

Sie begann, eine neue Ausstellung in Paris zu planen. Unterstützung fand sie bei Marie, Sophie und einigen anderen Freunden, die sie im Laufe der Zeit kennengelernt hatte. Sie schuf eine Sammlung von Kunstwerken, die ihre persönliche Reise und ihren Neubeginn widerspiegelten.

Die Ausstellung fand in einer kleinen, aber charmanten Galerie in Paris statt. Der Eröffnungsabend war ein großer Erfolg, und die Gäste waren begeistert von den ehrlichen und ausdrucksstarken Werken, die Lena präsentierte. Die Ausstellung war nicht so groß wie Alexanders, aber für Lena war es ein bedeutender Erfolg.

Mit der Zeit fand Lena ihren Platz in der Pariser Kunstszene. Sie baute Beziehungen zu anderen Künstlern auf, organisierte Workshops und stellte ihre Werke in verschiedenen Galerien und Ausstellungen aus. Paris wurde zu ihrem neuen Zuhause, und sie war glücklich mit dem, was sie erreicht hatte.

Eines Abends, während sie in ihrem Atelier arbeitete und an neuen Projekten feilte, erhielt sie eine Einladung von einem renommierten Kunstkritiker aus Berlin. Er lud sie zu einem Interview ein, um über ihre neue Phase als Künstlerin und ihren Weg zur Unabhängigkeit zu sprechen.

Das Interview war ein großer Erfolg, und Lena wurde als Symbol für Integrität und Mut in der Kunstwelt anerkannt. Ihre Geschichte inspirierte viele und machte sie zu einer Stimme für ethische Praktiken in der Kunstszene.

Kapitel 7: Die Rückkehr nach Berlin

Jahre vergingen, und Lena wurde zu einer etablierten Künstlerin in Paris. Sie war stolz auf das, was sie erreicht hatte, doch die Erinnerungen an ihre Zeit in Berlin und die Herausforderungen, die sie durchlebt hatte, begleiteten sie noch immer.

Eines Tages erhielt sie eine Einladung zu einer großen Kunstausstellung in Berlin, die an die Eröffnungsnacht ihrer ersten großen Ausstellung erinnerte. Lena war aufgeregt und zugleich nervös, als sie nach Berlin zurückkehrte, um an der Ausstellung teilzunehmen.

Als sie durch die Straßen Berlins ging, dachte sie über ihren Weg nach. Sie hatte viele Kämpfe ausgefochten und viele Hürden überwunden. Sie hatte gelernt, dass Erfolg nicht nur durch Ruhm und Reichtum definiert wird, sondern durch den Mut, für das Richtige einzustehen und sich selbst treu zu bleiben.

Die Ausstellung in Berlin war ein emotionaler Moment für sie. Sie traf alte Freunde, die sich über ihre Entwicklung freuten, und erinnerte sich an die Zeit, als sie noch am Anfang ihrer Karriere stand. Es war eine Zeit der Reflexion und des Dankes.

Am Ende der Ausstellung hielt Lena eine Rede, in der sie ihre Reise und die Lektionen, die sie gelernt hatte, teilte. Sie sprach darüber, wie wichtig es ist, seinen eigenen Weg zu finden und sich nicht von äußeren Einflüssen leiten zu lassen.

„Ich habe gelernt, dass der wahre Erfolg nicht nur darin besteht, große Ausstellungen zu haben oder Anerkennung zu erhalten", sagte Lena. „Es geht darum, treu sich selbst gegenüber zu bleiben und seinen eigenen Werten zu folgen, auch wenn es schwierig ist. Wir alle haben die Kraft, unseren eigenen Weg zu gehen und für das einzustehen, woran wir glauben."

Das Publikum hörte aufmerksam zu und applaudierte am Ende der Rede. Lena wusste, dass sie den richtigen Weg eingeschlagen hatte und dass ihre Reise noch lange nicht zu Ende war. Sie war bereit, neue Herausforderungen anzunehmen und weiterhin für ihre Überzeugungen zu kämpfen.

Als die Ausstellung zu Ende ging und die Gäste sich langsam verabschiedeten, fühlte sich Lena erfüllt und glücklich. Sie wusste, dass sie einen Unterschied gemacht hatte und dass ihre Geschichte noch viele weitere Kapitel haben würde.

Hol' dir mein Geschenk für dich - völlig kostenlos->
31 Möglichkeiten, dich selbst zum LÄCHELN zu bringen (in englischer Sprache)
-> www.lnk.bio/LucieArt

Hier findest du auch weitere E-Books und Online-Kurse von mir. -> www.lnk.bio/LucieArt

Mehr Informationen sowie
- spannende Blogartikel
- kostenlose Meditationen
- von mir gestaltete Motivationskartensets
- einen tollen Shop mit handgefertigtem Schmuck mit ausgesuchten Edelsteinen

findest du unter www.lucieart.jimdo.com

Des Weiteren findest du in meinem Foto-Shop schöne Kunstdrucke, Leinwanddrucke, Gallery Prints, Poster, sowie Grußkarten mit wunderschönen Fotografien und Impressionen aus der Natur unter
https://www.artflakes.com/de/shop/lucieart

Folge auch gerne meinen YouTube Kanälen:
www.youtube.com/@Music-for-your-soul-now
www.youtube.com/@LucieArt1
https://youtube.com/@Master-your-mind-now

Hier gibt es:
- die Yoga Nidra Einheit zum Einschlafen- Schlafmeditation
- & den Kurs - Pretend to be a Time Traveler (englisch)
www.patreon.com/LucieArt528

Wie du siehst gibt es noch einiges zu entdecken, also fühl' dich frei und lass dich am besten gleich weiter inspirieren...

Impressum

Lucie Butzbach
Friedenstraße 29
89231 Neu-Ulm
Web:lucieart.jimdo.com